D1601595

El muchacho que gritó ¡el lobo!

Eugenia De Hoogh

National Textbook Company
a division of NTC/CONTEMPORARY PUBLISHING GROUP
Lincolnwood, Illinois USA

Queridos niños,

Hoy vamos a leer una fábula. Es una fábula sobre
personas que aprenden algo muy importante. Tal vez
en este cuento, ustedes puedan aprender algo también.
Este cuento es muy fácil. Pueden leerlo sin
problema. Léanlo con mucho cuidado para que
después hablen sobre lo que pasó y qué hicieron
las personas.

Ustedes pueden leer el cuento en español y en
inglés porque son niños bilingües. Ustedes hablan y
entienden ambos idiomas. También los niños que
hablan un idioma pueden leer el cuento porque es
fácil y divertido.

Seguramente les interesará la fábula porque a todos
los niños del mundo les ha gustado por muchos años.

ISBN: 0-8442-7295-7

Published by National Textbook Company,
a division of NTC/Contemporary Publishing Group, Inc.,
4255 West Touhy Avenue,
Lincolnwood (Chicago), Illinois 60646-1975 U.S.A.
Printed in Hong Kong.

9 SC 9 8 7 6 5

Este muchacho se llama Pablo. Él es un pastorcito.

Pablo está en el campo. Él cuida las ovejas de una granjera. Las cuenta una y otra vez.

La granjera le dice a Pablo:

—Hay que tener mucho cuidado. A los lobos grandes y feroces les gusta comer ovejas. Si ves un lobo, grita muy fuerte. Y toda la gente del pueblo vendrá a ayudarte.

Otra vez Pablo está en el campo. Está cansado de cuidar a las ovejas. Primero, él toca su flauta.

Luego, tira un palo. El perro corre y lo recoge.

Después, él mira a las hormigas llevando comida a sus casas.

Pablo suspira. Está muy aburrido.

Entonces, ¡se le ocurre una gran idea! ¡Es una idea magnífica!

Pablo tiene un plan. Él va a gritar muy fuerte. Así verá si la gente del pueblo viene corriendo.

Pablo corre por el campo hacia el pueblo. Grita:

—¡Lobo! ¡Lobo! ¡Un lobo está atacando las ovejas!

Al oír los gritos, el pintor deja caer su brocha
y corre al campo.

La policía deja caer su silbato y corre al campo.

El panadero deja caer una bandeja de pan
caliente y corre al campo.

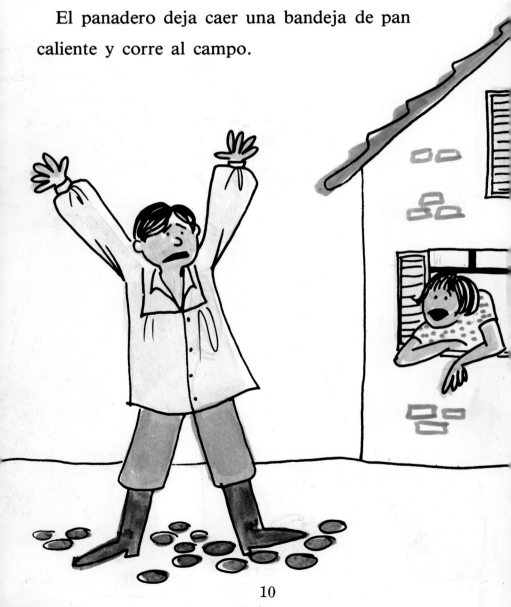

Todos llegan al campo. Tienen palos, rastrillos y escobas. Están listos para espantar al lobo.

Pero Pablo está muerto de risa. ¡Qué broma tan buena! Él se ríe y se ríe.

—No hay un lobo aquí. Es una broma. Es una broma. Es que . . . es que me canso de cuidar a las ovejas todos los días— explica Pablo. Y se ríe aún más.

—Tu broma no es muy chistosa, Pablo— dice la policía.

Otra vez, Pablo cuida a las ovejas. Otra vez está aburrido. Decide repetir la broma.

La gente del pueblo vuelve al campo. Y otra vez, todos se enojan con Pablo.

Al anochecer, cuando se pone el sol, Pablo todavía está en el campo. Las sombras se hacen más y más grandes.

Pablo oye sonidos. Los sonidos vienen de los arbustos. Pablo tiembla y los mira.

17

De repente, un feroz lobo gris salta de los arbustos. Se ríe de Pablo y le dice:

—Ahora sí me voy a comer a las ovejas.

—No— dice Pablo temblando de miedo. —Yo voy a gritar. Y toda la gente vendrá para proteger a las ovejas. Usted verá.

—Eres muy chistoso— responde el lobo. —Tú que bromeas tanto, no tendrás ninguna ayuda. Voy a comerme a las ovejas en paz.

Al oír esto, Pablo grita muy fuerte:

—¡Ayúdenme! ¡Socorro! ¡El lobo se va a comer a las ovejas! ¡Ayuuuudenme!

El pintor oye los gritos de Pablo y dice:

—Otra vez está bromeando. Yo me quedo aquí.

La policía exclama:

—¡Qué muchacho! Lo tengo que regañar por hacer tantas bromas.

El panadero dice:

—Tengo mucho trabajo. No tengo tiempo para las bromas de Pablo.

Pablo grita y grita y grita. Pero no viene nadie.
El lobo sólo se ríe de él.

—Y ahora, ¡al banquete!— exclama el lobo.
Y con un gran salto, ataca a las ovejas.

Pablo corre a la casa de la granjera.

Grita de nuevo:

—Granjera, ayúdeme. ¡Sí hay un lobo de verdad! ¡Ayúdeme!

Por la mañana, Pablo y la granjera cuentan las ovejas.

—Veintiocho, veintinueve, ¡treinta!— dice Pablo.

—Sí. El lobo se comió tres ovejas— dice la granjera.

—No lo entiendo. Grité muy fuerte. Pero no vino nadie.

—Bueno— le dice la granjera, —después de hacer tantas bromas y decir tantas mentiras, nadie te cree aunque digas la verdad.

The boy who cried wolf

Eugenia De Hoogh

Dear Children,

Today we are going to read a fable. It is a fable about people who learn something very important. Maybe in this story you will learn something, too.

This story is very easy. You can read it with no problem. Read it very carefully so that later you can talk about what happened and what the people did.

You can read the story in Spanish and in English because you are bilingual children. You speak and understand both languages. Children who speak one language can read it, too, because it is easy and fun.

You are sure to enjoy this story because children all over the world have enjoyed it for many years.

This boy is Pablo. He is a shepherd.

Pablo is in the field. He is taking care of a farmer's sheep. He counts them again and again.

The farmer says to Pablo, "You have to be very careful. Big, fierce wolves like to eat sheep. If you see a wolf, shout out loud. And all the people of the town will come to help you.

3

Once again, Pablo is in the field. He is tired of taking care of the sheep. First, he plays his flute.

4

Then he throws a stick. The dog runs and picks it up.

Later, Pablo watches ants carry food to their homes.

Pablo sighs. He is very bored.

Then he has an idea! It is a great idea!
Pablo has a plan. He is going to shout out loud.
This way, he will see if the people of the town
come running.

Pablo runs through the field toward the town. He shouts, "Wolf! Wolf! A wolf is attacking the sheep!"

On hearing the shouts, the painter drops his brush and runs to the field.

The police officer drops her whistle and runs to the field.

The baker drops a tray of hot bread and runs to the field.

11

They all arrive at the field. They have sticks, rakes, and brooms. They are ready to scare off the wolf.

But Pablo is laughing very hard. What a good joke! He laughs and laughs.

"There is no wolf here. It is a joke. It's a joke. It's just that . . . that I get tired of watching the sheep every day," explains Pablo. And he laughs even more.

"Your joke is not very funny, Pablo," says the
police officer.

Again, Pablo is taking care of the sheep. Again he is bored. He decides to repeat the joke.

The people of the town return to the field. And again, they become very angry with Pablo.

In the evening, when the sun is setting, Pablo is still in the field. The shadows are getting longer and longer.

Pablo hears noises. The sounds come from the bushes. Pablo trembles and looks at them.

Suddenly, a fierce gray wolf jumps out from the bushes. He laughs at Pablo and says, "Now I'm really going to eat the sheep."

"No," says Pablo trembling from fear. "I am going to shout. And all the people will come to protect the sheep. You will see."

"You are very funny," answers the wolf. "You play so many jokes, you will have no help. I am going to eat the sheep in peace."

On hearing this, Pablo shouts out loud, "Help me! Help! The wolf is going to eat the sheep! Heeeeeelp me!"

The painter hears the shouts and says, "He's playing jokes again. I am staying here."

The police officer exclaims, "That boy! I have to scold him for playing so many jokes."

The baker says, "I have a lot of work. I don't have time for Pablo's tricks."

Pablo shouts and shouts and shouts. But no one comes. The wolf only laughs at him.

"And now, the feast!" exclaims the wolf.
With a big jump, he attacks the sheep.

Pablo runs to the farmer's house. Again he shouts, "Farmer, help me. There really is a wolf! Help me!"

In the morning, Pablo and the farmer count the sheep.

"Twenty-eight, twenty-nine, thirty!" says Pablo.

"Yes, the wolf ate three sheep," says the farmer.

"I don't understand. I shouted out loud. But no one came."

"Well," says the farmer, "after playing so many tricks and telling so many lies, no one believes you even if you are telling the truth."